BEI GRIN MACHT SICH IHR WISSEN BEZAHLT

- Wir veröffentlichen Ihre Hausarbeit, Bachelor- und Masterarbeit

- Ihr eigenes eBook und Buch - weltweit in allen wichtigen Shops

- Verdienen Sie an jedem Verkauf

Jetzt bei www.GRIN.com hochladen und kostenlos publizieren

Bibliografische Information der Deutschen Nationalbibliothek:

Die Deutsche Bibliothek verzeichnet diese Publikation in der Deutschen National-bibliografie; detaillierte bibliografische Daten sind im Internet über http://dnb.d-nb.de/ abrufbar.

Dieses Werk sowie alle darin enthaltenen einzelnen Beiträge und Abbildungen sind urheberrechtlich geschützt. Jede Verwertung, die nicht ausdrücklich vom Urheberrechtsschutz zugelassen ist, bedarf der vorherigen Zustimmung des Verla-ges. Das gilt insbesondere für Vervielfältigungen, Bearbeitungen, Übersetzungen, Mikroverfilmungen, Auswertungen durch Datenbanken und für die Einspeicherung und Verarbeitung in elektronische Systeme. Alle Rechte, auch die des auszugsweisen Nachdrucks, der fotomechanischen Wiedergabe (einschließlich Mikrokopie) sowie der Auswertung durch Datenbanken oder ähnliche Einrichtungen, vorbehalten.

Impressum:

Copyright © 2016 GRIN Verlag, Open Publishing GmbH
Druck und Bindung: Books on Demand GmbH, Norderstedt Germany
ISBN: 9783668294394

Dieses Buch bei GRIN:

http://www.grin.com/de/e-book/339729/planung-einer-wirbelsaeulengymnastik-analyse-einer-besuchten-kurseinheit

Manuela Smetiprach

Planung einer Wirbelsäulengymnastik. Analyse einer besuchten Kurseinheit

GRIN Verlag

GRIN - Your knowledge has value

Der GRIN Verlag publiziert seit 1998 wissenschaftliche Arbeiten von Studenten, Hochschullehrern und anderen Akademikern als eBook und gedrucktes Buch. Die Verlagswebsite www.grin.com ist die ideale Plattform zur Veröffentlichung von Hausarbeiten, Abschlussarbeiten, wissenschaftlichen Aufsätzen, Dissertationen und Fachbüchern.

Besuchen Sie uns im Internet:

http://www.grin.com/

http://www.facebook.com/grincom

http://www.twitter.com/grin_com

Einsendeaufgabe Gruppentraining I

Analyse einer besuchten Kurseinheit

&

Planung einer Wirbelsäulengymnastik

Inhaltsverzeichnis

1 Besuch Einer Kurseinheit

1.1 Phasenverlauf des besuchten Kurses

Rahmenbedingungen des besuchten Kurses

- Kurstag/-zeit: Donnerstag, 19:30-20:30 Uhr
- Kursbezeichnung: Zumba

1.1.1 Begrüßung

Die Trainerin war etwa 5 Minuten vor dem Beginn des Kurses da und begrüßte alle Teilnehmer freundlich. Sie gab eine kurze Einweisung der Grundschritte für die Neueinsteiger, damit alle auf demselben Stand waren und gab den Hinweis, dass sie auch immer wieder kurze Trinkpausen einfügen wird.

1.1.2 Allgemeines Warm Up & Spezielles Warm Up

In dem Kurs war weder ein allgemeines, noch ein spezielles Warm Up zu erkennen, da die Trainerin nach der Begrüßung direkt die Musik anmachte und mit dem ersten Lied und den dazugehörigen Tanzschritten sofort anfing. Sie griff immer wieder Grundschritte auf und erklärte diese den Teilnehmern.

1.1.3 Hauptteil

Der Hauptteil, welcher sich auch nicht klar abhebt, wird hier nur eingeteilt, da die Trainerin neue Lieder und Tanzschritte vorgeführt hat und die Gruppe somit wieder etwas Neues und Komplexeres erlernt. Sie hat immer wieder motivierende Worte an die Gruppe gerichtet. Einzelkorrektur gab es keine.

1.1.4 Cooldown I + II

Nach etwa 45 Minuten begann die Trainerin mit leichten Step Schritten (z.B. Side to Side), welche übergingen in langsame und streckende Bewegungen, wie z.B. Oberkörperbeugen. Hier verwies sie auf die Atmung. Schließlich wurden daraus Dehnübungen im Stehen und die Musik wurde ruhiger. Die Instruktionen waren wie im Rest der Stunde sehr genau.

1.1.5 Verabschiedung

Nach der Stunde hat sie sich bei den Teilnehmern bedankt und ihnen geklatscht. Sie hat sich verabschiedet, alles zusammengepackt und ist gegangen.

1.1.6 Fazit

Die Trainerin hatte kein erkennbares Muster in der Kursstunde. Der Phasenverlauf wie er im Studienbrief „Gruppentraining 1" beschrieben wird, ist nicht eingehalten worden.

1

1.1.7 Anmerkungen

Da die Kursleiterin sich nicht an die verschiedene Phasen gehalten hat und somit keine genaue Trennung möglich ist, wurden keine Übungsbeispiele genannt. Die Choreographie besteht aus verschiedenen Tanzschritten aus lateinamerikanischen Tänzen gemischt mit anderen Tänzen. Um einer ausgiebigen Erklärung vorzubeugen, wurden daher die Übungen weggelassen, da dies den Rahmen dieser Hausarbeit sprengen würde.

1.1.8 Verbesserungsmöglichkeiten

Wenn die Trainerin die Stunde etwas besser aufgeteilt hätte wie z.B. indem sie auf ein kurzes Warm-Up hingewiesen hätte oder nähere Beschreibungen der Phasen an sich, wäre es für die Teilnehmer besser nachzuvollziehen, in welcher Phase sich der Kurs befindet. Dazu würde eine kurze Erklärung zum Anfang der Stunde auch ausreichen.

1.2 Motorische Fähigkeiten im besuchten Kurs

Zumba ist ein ausdauerorientierter Kurs. Es ist ein choreografielastiger Kurs mit dem Schwerpunkt auf Ausdauer und Koordination. „Ausdauer ist die Fähigkeit, physisch und psychisch lange einer Belastung zu widerstehen, deren Intensität und Dauer letztendlich zu einer unüberwindbaren (manifesten) Ermüdung (= Leistungseinbuße) führt, und/oder sich nach physischen und psychischen Belastungen rasch zu regenerieren" (Zintl, 1997, S.28). Man bleibt die gesamte Kursstunde in Bewegung, wodurch die aerobe Ausdauer trainiert wird. Die Koordination wird geschult durch die unterschiedlichen Choreographien. „Aus neuromuskulärer Sicht bezeichnet Koordination das Zusammenwirken von Zentralnervensystem und Skelettmuskulatur innerhalb eines gezielten Bewegungsablaufes" (Hollman & Hettinger, 1990, S. 143). Hier werden verschiedene lateinamerikanische und moderne Tanzstile kombiniert und zu vorbestimmter, lizensierter Musik getanzt.

1.3 Betrachtung des Kursleiterverhaltens

Ein Kursleiter muss in einer Kurseinheit verschiedene Rollen einnehmen. Zum einen ist er Lehrer, Dienstleister und zum anderen Vorbild und Animateur. In der folgenden Tabelle werden die verschiedenen Rollen mit je drei Beispielen vorgestellt und anschließend das Verhalten des Gruppentrainers der besuchten Stunde damit verglichen.

2

Tab. 1: Betrachtung des Kursleiterverhaltens

Rollen	Aufgaben	Kursleiterverhalten im hospitierten Kurs
Lehrer	- Kursstunde sorgfältig vorbereiten - Ziele und Zielgruppe definieren - Übungen plausibel begründen, erklären, vormachen indem fachliche Zusammenhänge hergestellt werden	- Kursstunde war nach Vorstellung der Trainerin vorbereitet, sie wusste genau was sie zu welcher Zeit machen wollte - Ziele und Zielgruppe wurden nicht definiert - Übungen wurden zwar erklärt, bzw. demonstriert, allerdings keine Zusammenhänge dargestellt
Dienstleister	- Pünktlichkeit und Verlässlichkeit - Immer Ansprechpartner sein - Neue Teilnehmer gut integrieren	- Trainerin war pünktlich - Hat eine Frage zur Herkunft des Sports beantwortet - Nur anfangs kurze Einweisung der neuen Teilnehmer
Vorbild	- Das zu verkaufende „Produkt" nicht zur vermitteln, sondern auch vorleben wie z.B. Spaß und Gesundheit - Gute Körperhaltung - Freundlich und kompetent sein	- Sie trug bunte Kleidung mit Logo und hatte Spaß beim Tanzen - Körperhaltung war stets vorbildlich - Freundliche Begrüßung und knappe aber informative Einweisung
Animateur	- Positive Formulierungen - Präsenz zeigen - Spaß an der Sache bzw. am Sport vermitteln um Teilnehmer zu animieren und motivieren	- Es wurde stets nur positiv formuliert, es ist kein „nicht" gefallen - Durch fortlaufendes mitsingen und –jubeln wurden die Teilnehmer ebenfalls dazu motiviert - Lächeln und einzelnes Ansprechen der Teilnehmer hat auch verschlossene dazu animiert, mitzusingen

2 Externe Bedingungen einer Kurseinheit

Die Grundlage der zu planenden Kurseinheit sind die externen Bedingungen wie zum Beispiel Rahmenbedingungen, Zielgruppe und die Zielsetzung. Diese müssen vorher sorgfältig geplant werden. Sie sind das Maß der Qualität des Kurses. In den nachstehenden Unterkapiteln wird mit je zwei Beispielen ein Überblick über die einzelnen Bedingungen erstellt.

2.1 Rahmenbedingungen

Die Rahmenbedingungen setzen sich aus verschiedenen Faktoren zusammen, auf die geachtet werden muss, um eine Kurs optimal zu planen und vorzubereiten. Diese sind die Größe des Kurses, die Uhrzeit, Räumlichkeiten, die Ausstattung und die Tageszeit bzw. das Klima zu der die Einheit stattfinden soll.

3

2.1.1 Räumlichkeiten

Der zu planende Kurs und seine Inhalte müssen an die zur Verfügung stehenden Räumlichkeiten des Fitness- oder Gesundheitsstudios angepasst werden. Nur so kann eine erfolgreiche und optimale Planung und Vorbereitung stattfinden. Abhängig von der Größe des Raumes und der darin platzierten Säulen muss entschieden werden, ob raumgreifende Bewegungen in den Kurs eingebaut werden können oder ganz simpel, um die Maximalteilnehmerzahl festzulegen. Dementsprechend muss die Übungsauswahl an diese Kriterien angepasst werden, um einen reibungslosen Ablauf zu garantieren.

2.1.2 Ausstattung

Auch hier muss in erster Linie darauf geachtet werden, dass genügend Platz für die gewünschten Geräte vorhanden ist. Weiterhin muss überprüft werden welche und wie viele Materialien und Hilfsmittel überhaupt vor Ort sind. Dazu kommt der einwandfreie Zustand um Verletzungen zu vermeiden. Das entscheidet über die maximal mögliche Teilnehmerzahl. In einem Kurs in dem Matten gebraucht werden, sollte sichergestellt sein, dass einmal genügend Matten vorhanden sind und dass jeder Teilnehmer genügend Platz hat.

2.2 Zielgruppe

Es ist zu sagen, dass die Planung des Kursablaufs einfacher wird, je genauer die Zielgruppe geplant ist. Darunter fällt z.B. die Übungsauswahl oder die Musiklautstärke. Allerdings ist eine festgelegte Zielgruppe kein Grund, um andere potenzielle Besucher nicht teilnehmen zu lassen

2.2.1 Gruppengröße

Die Gruppengröße muss an den Raum und die Ausstattung angepasst werden (vgl. Kapitel 2.1). Außerdem sollte der Kursinhalt berücksichtigt werden. Also sollte zum Beispiel eine gesundheitsorientierter Kurs für Teilnehmer über 60 zum Thema Rücken eine geringe Teilnehmerzahl haben, da viel korrigiert werden muss (vgl. Reiß, M., Eifler, C. 2015, S.69). Andernfalls kann das Kursziel nicht erreich werden.

2.2.2 Leistungslevel

Um die größtmögliche Effektivität zu sichern, sollte jede Kurseinheit für ein bestimmtes Leistungslevel ausgelegt sein. So wird vermieden, dass sich Fortgeschrittene langweilen oder Anfänger überfordert fühlen. Weiterhin bleiben die Kunden bei einem zielgerichteten Training und daraus resultierenden Erfolgserlebnissen lange Zeit ein zuverlässiges Mitglied.

2.3 Zielsetzung

Kurzfristige Ziele sind in jedem Kurs möglich, da sie innerhalb einer Stunde erreichbar sind. Egal ob es sich um einen regelmäßigen Kurs handelt mit dem gleichen Publikum oder ob es ein offener Kurs ist ohne klar definierte Zielgruppe. Dies resultiert z.b. aus den schnell erreichbaren Zielen wie das Erlernen von bestimmten Schrittkombinationen. Langfristige Ziele sind dahingegen nur in festen Gruppen mit regelmäßigen Kursen möglich, da diese über einen längeren Zeitraum ausgebildet werden. Sie bilden „die Grundlage zur Einteilung der Gruppentrainingsangebote." (Reiß, Eifler, 2015, S. 70).

2.3.1 Kurzfristige Ziele

Kurzfristige Ziele sind z.b. das Beherrschen einer Übung oder die korrekte Ausführung einer Schrittfolge. In offenen Kursen hat der Gruppentrainer die Aufgabe, die Übungen den verschiedenen Leistungsleveln anzupassen und Variationen einzubauen, damit der Kurs nicht zu monoton und einfach für Fortgeschrittene ist. Zusätzlich kann jeder Teilnehmer selbst sein Level wählen. Diese Stunden verlangen dem Kursleiter eine gute Anpassungsfähigkeit ab und müssen spontan auf die erschienenen Kunden abgestimmt werden. So ist die Zielsetzung in jedem Kurs individuell.

2.3.2 Langfristige Ziele

Langfristige Ziele sind z.b. eine verbesserte sportmotorische Fähigkeit, welche sich nach dem besuchten Kurs richtet. Es gibt kraft-, ausdauer- und gesundheitsorientierte Programme. In den geschlossenen Kursen ist es wichtig, die Ziele klar zu definieren und zu kommunizieren. Wichtig ist hier die genaue Einteilung der Leistungslevel um Anfänger nicht zu überfordern bzw. Fortgeschrittene nicht zu unterfordern (vgl. Kapitel 2.2.2). Die Zielsetzung verändert sich nach jedem Kurs passend zum Fortschritt der Gruppe. So kann ein langfristiges Ziel hier zum Beispiel auch das Erlernen mehrerer Choreographien für einen Abschlusstanz auf einer Firmenfeier sein.

3 Kursplananalyse

KURSPLAN gültig ab 01-03-16

MO	DI	MI	DO	FR	SA	SO
8:45 – 9:30 Rehasport [JULIA]		8:45 – 9:30 Rehasport [JULIA]		8:45 – 9:30 Rehasport [JULIA]		10:00 – 11:00 BODYBALANCE [NICOLE]
9:30 – 10:30 Bauch-Beine-Po [JULIA]	10:00 – 11:00 WSG [RONA]	9:30 – 10:30 Bauch-Beine-Po [JULIA]		9:30 – 10:30 Rückenfitness [JULIA]		11:05 – 12:05 BODYPUMP [NICOLE]
10:30 – 11:30 Yoga [JULIA]	11:00 – 11:30 Stretch&Relax [ILONA]	9:30 – 11:30 Yoga [JULIA]		10:30 – 11:00 Stretch&Relax [JULIA]		12:10 – 13:05 BODYATTACK [NADIA/MANU]
16:15 – 17:00 Bauch-Beine-Po [ILONA]	15:15 – 16:00 Rehasport [JULIA]		15:15 – 16:00 Rehasport [JULIA]			
17:05 – 17:50 TRX Bodyblast [FELIX]	16:10 – 16:55 Rehasport [JULIA]	16:15 – 17:00 SH'BAM [KATJA]	17:00 – 17:55 BODYJAM [TINA]	14:10 – 14:55 Rehasport [JULIA]		ÖFFNUNGSZEITEN
17:05 – 18:00 BODYJAM [ELISA]	17:00 – 17:55 BODYATTACK [NADIA]	17:00 – 17:30 Rückenfitness [ILONA]	18:00 – 18:55 BODYATTACK [FABIAN]	15:00 – 16:00 Bauch-Beine-Po [JULIA]		
18:00 – 19:30 Happy Cycling [ERIK/CHRIS]	18:00 – 19:00 Yogilates [JULIA]	17:35 – 18:35 Body Workout [ILONA]	19:00 – 19:30 DODYPUMP Xpress [MARC]	16:10 – 16:55 Rehasport [JULIA]		SAUNAZEITEN
18:05 – 19:05 BODYPUMP [MARC]	18:00 – 18:45 TRX Core [MARC]	18:40 – 19:10 CX WORX [ANNA]	19:35 – 20:05 CX WORX [MARC]	17:00 – 18:00 BODYPUMP [DANI/NADIA]		
19:10 – 20:05 BODYCOMBAT [FABIAN]	19:00 – 20:00 Movie Cycling [MARC]	19:15 – 20:15 BODYPUMP [CARO]	19:05 – 20:05 Fun Cycling [HEIKO]	18:05 – 19:00 BODYCOMBAT [TANJA]		DAMENSAUNAZEITEN
20:10 – 21:10 BODYBALANCE [FABIAN]	19:10 – 19:55 Rehasport [JULIA]		20:10 – 21:10 BODYBALANCE [MARC]	19:05 – 19:50 SH'BAM [KATJA]		KURSVORANMELDUNGEN

ÖFFNUNGSZEITEN
Mo./Mi./Fr. 08:00 – 22:00
Di./Do. 09:30 – 22:00
Sa. 9:00 – 17:00
So./Feiertage 9:00 – 15:00

SAUNAZEITEN
Mo – Fr. 10:00 – 21:30
Sa 10:00 – 16:30
So 10:00 – 14:30

DAMENSAUNAZEITEN
Mo./Fr. 10:00 – 16:00

KURSVORANMELDUNGEN

SPECIALS UND EVENTS UNTER:
facebook.com/

Abb. 1: Kursplan eines Fitnessstudios

Bei dem vorliegenden Kursplan handelt es sich um ein Kursorientiertes Fitnessstudio. Man kann einen Kursplan auf verschiedene Sichtweisen hin analysieren. Es gibt die wirtschaftliche Sichtweise, die organisatorische Sichtweise und die trainingswissenschaftliche Sichtweise. Im Folgenden wird nacheinander auf insgesamt 5 Aspekte eingegangen.

Betrachtet man aus wirtschaftlicher Sichtweise den Kursplan fällt einem zunächst die große Vielfalt der Kurse auf. Von Reha-Sport bis Bodypump ist alles vertreten. Somit werden möglichst viele Kunden angesprochen. Allerdings könnte dadurch auch die Studio-Philosophie leiden. Das Studio soll einen familiären Eindruck machen und diese Atmosphäre ist schwierig einzuhalten bei dieser großen Menge an Kursen. Durch das Streichen von einigen Aktivitäten könnte man den Plan etwas übersichtlicher gestalten.

Auf dem Plan ist nicht ausgeschrieben, wie viele Kursräume das Studio besitzt oder in welchem die Kurse stattfinden, das kann zu Verwirrung bei Neukunden führen. Zusätzlich gibt es keine einheitliche Kurszeit. Mal fängt der Kurs zur vollen Stunde an, mal zur halben und es gibt auch Kurse die um zur viertel Stunde anfangen. Die Länge der Kurse ist auch unterschiedlich. So sind Kunden verpflichtet, noch einmal genau auf den Plan zu schauen, um genau zu wissen um wie viel Uhr sie denn dort sein müssen. Wenn man diese Kurszeiten einheitliche gestaltet, hat der Kunde es leichter sich diese zu merken und ein Zuspätkommen oder Verpassen zu vermeiden.

Zur organisatorischen Sichtweise ist zu sagen, dass der Plan keinerlei Informationen über die Größe/Einrichtung der vorhandenen Kursräume gibt. Somit kann keine Aussage über die räumlichen Voraussetzungen gemacht werden. Bei der Verteilung des Vormittags- und Nachmittagsprogramms ist zu sehen, dass darauf geachtet wurde, hauptsächlich vormittags mit Kursen wie Reha-Sport oder WSG eher ältere Mitglieder anzusprechen, und nachmittags viele lizensierte Kurse wie Bodypump oder Sh'bam für die jüngeren Kunden gelegt sind. Erfahrungsgemäß ist diese Verteilung sinnvoll. Wobei man beachten sollte, dass man auch für berufstätige so wichtige Kurse wie Reha oder WSG auch nachmittags mehrfach anbietet, da diese sonst nicht daran teilnehmen können. Samstags finden gar keine Kurse statt, was aus organisatorischer Sicht nicht nachzuvollziehen ist, da an diesem Tag die Mehrheit der Mitglieder frei hat und auch teilnehmen könnte. Somit steht der Raum den ganzen Tag leer und wird nicht genutzt.

Aus trainingswissenschaftlicher Sicht betrachtet, sieht man auf dem Kursplan keine Einteilung in verschiedene Leistungsstufen. Dies ist sicherlich vorteilhaft, um möglichst viele Kunden auf einmal anzusprechen, gestaltet sich jedoch gerade in anstrengenden Kursen wie Bodycombat schwierig, da sich der Trainer im Kurs auf jeden einzelnen einstellen muss. Weiterhin wird auch nicht ersichtlich, ob vielleicht Einführungskurse gehalten werden. Ob diese durch einen zusätzlichen Aushang organisiert werden oder ähnliches, ist nicht vermerkt. So ist der Kursleiter verpflichtet, sich vor jeder Stunde zu versichern, dass alle Teilnehmer auch wissen, was sie in diesem Kurs erwartet.

Im Großen und Ganzen ist der Plan sehr vielfältig und ansprechend für Neukunden. Jedoch ist es schwierig, sich die verschiedenen Zeiten zu merken und es könnte abschreckend sein, wenn man als Anfänger nicht weiß, ob man in einem Kurs zurecht kommt. Die Verteilung könnte noch etwa optimaler sein, in dem man nachmittags bzw. abends etwas mehr Reha oder ähnliches anbietet, gerade für die berufstätigen. Samstags sollte der Kursraum genutzt werden.

4 Planung einer Wirbelsäulengymnastik

4.1 Zielgruppe

- Gesundheitsorientierter Kurs
- Kunden jeden Alters mit Rückenschmerzen
- 4-12 Teilnehmer
- Männer und Frauen
- Fortgeschrittene trainierende, Beginner bekommen Alternativübungen

4.1.1 Inhalt und Zielsetzung der Wirbelsäulengymnastik

„Neben der Prävention (Vorbeugung z.b. von Rückenbeschwerden, Haltungsschwächen, Bandscheibenschäden und sonstigen Erkrankungen des Bewegungs- und Stützapparats aufgrund von Bewegungsmangel) und der Verbesserung der Körperwahrnehmung werden der Ausgleich von muskulären Dysbalancen und die Steigerung der physischen und psychischen Entspannungsfähigkeit als Ziele der Wirbelsäulengymnastik definiert" (Buskies & Demski, 2003, S. 128).

Spezielles Ziel der geplanten Kurseinheit ist die Kräftigung der rückenstreckenden Muskulatur (Mm. erector spinae) und zusätzlich eine Verbesserung der Körperwahrnehmung und Entspannungsfähigkeit. Alle Bodenübungen werden auf Gymnastikmatten ausgeführt.

4.2 Material

Gymnastikmatten

4.3 Stundenplanung

Vor dem allgemeinen und speziellen Aufwärmen wird eine ca. 2 minütige Ansprache an die Kursteilnehmer gehalten. Darin werden sie über das Ziel der Stunde informiert, bekommen Technik- und Sicherheitshinweise und werden motiviert. Wichtig ist, dass jeder Teilnehmer weiß, dass er eine Übung beenden sollte, sobald Schmerzen auftreten. Zu den Belastungsgefügen ist zu sagen, dass 32 Zählzeiten etwa 15 Sekunden sind und 1 Atemzug circa 10 Sekunden. Die alleinstehenden Zahlen mit Bindestrichen verbunden bedeuten jeweils Sekunden.

4.3.1 Warm Up

Das Ziel des Warm-Ups ist zu einem Großteil das Verringern des Verletzungsrisikos. Eine erhöhte Körpertemperatur führt zu einem flexibleren Muskel-Band-Apparat, sowie einer flüssigeren Gelenkschmiere, durch die sich der Reibungswiderstand reduziert. Zusätzlich wird das Herz-Kreislauf-System aktiviert und die Teilnehmer können sich nun physisch und psychisch auf den Kurs einlassen. Die Musikgeschwindigkeit beim Warm-Up beträgt 120 bpm.

Tab. 2: Stundenplanung Teil I – Allgemeines Warm-Up

Phase I – Allgemeines Aufwärmen und mentale Einstimmung (5 Minuten)

Ziel der Übung	Übungsbezeichnung	Übungsbeschreibung	Belastungsgefüge	Bemerkungen / Hinweise
Mentale Einstimmung, erhöhte Konzentration und Leistungsbereitschaft	Berghaltung / Tadasana Abwandlung mit schwingendem Armheben zur Seite	Beine: Füße geschlossen, Oberschenkel und Schienbeine leicht nach innen gedreht. Rumpf: Kopf in Verlängerung der Wirbelsäule, Aufrecht in natürlicher Doppel-S Form, Schultern locker, Brustbein zur Decke ziehen, Bauch fest	2x 16 Zählzeiten	• Augen schließen, bewusst und tief in den Bauch atmen • Handflächen nach vorne • Zehen wie Wurzeln fest in den Boden drücken
	March in place	Beine: Marschieren auf der Stelle mit festem, etwa hüftbreitem Stand, Knie hoch bis auf 90°, Fußspitzen anziehen. Rumpf: Arme abwechselnd entgegengesetzt zu den Beinen natürlich nach vorne und hinten schwingen	2x 32 Zählzeiten	• Ein Fuß immer auf dem Boden • Blick geradeaus • Stand aufrecht
Erhöhung der Körpertemperatur Aktivierung des Herz-Kreislauf-Systems Mobilisation der großen Gelenke	Grapevine mit Armkreisen	Beine: Grundschritt Side to Side wird langsam aufgebaut zum Grapevine (128 ZZ). Das rechte Bein wird zur Seite hin geöffnet und aufgestellt, linkes Bein wird nach hinten über Kreuz abgesetzt und das rechte wieder zur Seite geöffnet. Das linke Bein folgt wieder uns tippt mit dem Ballen innen neben dem rechten Fuß auf. Anschließend in die andere Richtung. Rumpf: nach 45 Sekunden werden die Schulten abwechselnd 4 mal nach vorne und 4 mal nach hinten gekreist. Nach insgesamt 90 Sekunden werden die Arme mitgenommen und große Armkreise gemacht.	2 x 128 Zählzeiten	• Blick geradeaus • Ein Fuß immer auf dem Boden • Größtmögliche Bewegungsamplitude beim Schulter- und Armkreisen
	Leg Curl	Beine: Das Gewicht wird im breiten Stand abwechselnd auf das rechte und das linke Bein gegeben und das andere Bein wird mit der Ferse zum Gesäß geführt. Grundschritt ist der „Side to Side". Rumpf: Hände sind in die Hüften gestemmt. Nach 32 ZZ Hände mitschwingen.	2x 32 Zählzeiten	• Der Blick wird geradeaus gerichtet • Rumpf ist aufrecht

Phase I – Spezielles Aufwärmen (3 Minuten)

Ziel der Übung	Übungsbezeichnung	Übungsbeschreibung	Belastungsgefüge	Bemerkungen / Hinweise
Dehnung der Schulter- und Nackenmuskulatur	„Äpfel pflücken" / Luftschnapper	Aufrecht hinstellen und die Arme abwechselnd zur Decke strecken, als ob man Äpfel pflücken wollte	30 Sekunden	Füße hüftbreit aufstellen
Mobilisation von Brustwirbelsäule und Schulter	Oberkörpereinrollen	Aufrecht hinstellen und Arme seitlich ausstrecken. Dann langsam Wirbel für Wirbel die Brustwirbelsäule eindrehen und die Hände auch.	30 Sekunden	Kinn kommt beim Einrollen auf die Brust
Mobilisation der Halswirbelsäule	Wirbelsäulenrotation in Kniestand	Rückengerecht in den Kniestand. Oberkörper gerade nach vorne Beugen. Die Arme werden auf Schulterhöhe gehoben und der Unterarm nach oben in 90° angewinkelt. Nun wird der Oberkörper langsam nach links rotiert. Kurz in der Position bleiben und dann komplett nach rechts rotieren.	30 Sekunden	Jeweils langsam in die maximal mögliche Rotation gehen
Mobilisation der Lendenwirbelsäule	„Katzenbuckel" im / Vierfüßlerstand / Schaukel	Rückengerecht in den Vierfüßlerstand gehen. Hände unter den Schultern, Knie hüftbreit auseinander. Den Rücken weit nach oben drücken wie ein Katzenbuckel und den Kopf so weit wie möglich nach unten senken. Dann den Rücken durchhängen lassen und aktiv ins Hohlkreuz gehen. Dabei den Kopf in den Nacken legen.	60 Sekunden	Aktiv beim Rücken hängen lassen einatmen / Aktiv beim Rundrücken ausatmen
Mobilisation der Becken und Lendenwirbelsäule	„Feldenkrais-Uhr"	In Rückenlage Beine aufstellen, bei der der rechte Beckenknochen die 3 ist, der linke Beckenknochen die 9, der Bauchnabel die 6 und das Schambein die 12 ist. Abwechselnd erst die 12 heben und dann senken, damit sich die 6 hebt. Dann das gleiche mit der 3 und der 6. Anschließend im Uhrzeigersinn und gegen den Uhrzeigersinn.	30 Sekunden	Füße bleiben stets beide auf dem Boden / Schultern immer auf dem Boden lassen

4.3.2 Hauptteil

Tab. 4: Stundenplanung Teil II - Hauptteil

Phase II – Hauptteil 1 (10 Minuten)				
Ziel der Übung	Übungsbezeichnung	Übungsbeschreibung	Belastungsgefüge	Bemerkungen / Hinweise
Mobilisation der LWS und Kräftigung des M. glutaeus maximus und Mm. erector spinae	Beckenheben in Rückenlage	In Rückenlage die Beine anwinkeln und hüftbreit aufstellen. Arme neben den Körper mit nach unten gerichteten Handflächen legen. Dann langsam Fersen in den Boden drücken und Wirbel für Wirbel die Hüfte in die Luft heben. Spannung halten und langsam absenken.	3 – 4 – 3 10x mit je 5 Sekunden Pause zwischen den Wiederholungen	• Mit der Bewegung atmen, Spannung – ausatmen; Entspannung - einatmen
Kräftigung der gesamten Bauchmuskulatur (M. rectus abdominis, M. transversus, M. obliquus externus / internus abdominis)	Crunches	In Rückenlage die Beine angewinkelt lassen. Die Hände hinter den Kopf führen. Kurz einatmen und beim Ausatmen mit Hilfe der Bauchmuskulatur hochrollen. Position halten und langsam Wirbel für Wirbel absenken.	2 – 1 – 2 10x 4x 20 Sekunden halten mit je 5 Sekunden Pause zwischen den Sätzen	• Füße auf dem Boden lassen • Den Kopf nicht mit den Händen nach vorne „reißen" • Blickrichtung zur Decke
Kräftigung und Stabilisation der BWS, der gesamten Bauchmuskulatur, und des M. iliopsoas	Beinheben mit aufgestützten Händen	In Rückenlage auf die Unterarme stützen .Schultern anspannen und Position halten. Nun ein Bein anwinkeln und das andre im völlig gestreckten Zustand (mit plantarflexion des Fußes) so hoch es geht heben. Bauchmuskulatur anspannen und Rücken gerade lassen. Position kurz halten und Bein langsam absenken.	1 – 2 – 1 10x pro Seite 3x 20 Sekunden halten beide Beine, mit je 5 Sekunden Pause	• Besonders auf geraden Rücken achten • Oberkörper möglichst stabil und nicht dem Bein entgegenkommen
Kräftigung des M. rectus abdominis, M. transversus abdominis, M. obliquus externus abdominis und den M. obliquus internus abdominis	Funktionscrunches mit Rotation	Nach dem Unterarmstütz in Rückenlage nun beide Beine anwinkeln und abstellen. Die Arme langsam vom Boden abheben und den geraden Rücken in einem Winkel von ca. 45° zum Boden halten. Nun die Hände vor dem Bauch zusammenbringen und langsam links neben den Körper Richtung Boden führen. Kurz vorher abstoppen. Position kurz halten und zurück zur Mitte. Dann auf der anderen Seite wiederholen.	1 – 1 – 1 20x pro Seite 2x 15 Sekunden pro Seite halten	• Gleichmäßig mit der Bewegung atmen • Rücken gerade lassen • Hals in Verlängerung der WS

11

Phase II – Hauptteil 2 (10 Minuten)

Ziel der Übung	Übungsbezeichnung	Übungsbeschreibung	Belastungsgefüge	Bemerkungen / Hinweise
Stabilisation der LWS und Kräftigung vor allem des medialen Trakts der Mm. erector spinae	Hacker	Schulterbreit mit leicht gebeugten Beinen hinstellen. Die Beine etwa 45° beugen und die Arme nach oben in Verlängerung der Wirbelsäule strecken. Finger gestreckt und zusammen. Nun mit den Armen kleine schnelle Hackbewegungen ausführen.	5x 30 Sekunden Je 10 Sekunden Pause	• Kopf in natürlicher Haltung • Gleichmäßig weiteratmen • Füße leicht nach außen drehen
Kräftigung der gesamten Rückenmuskulatur und der Oberarmmuskulatur (M. bizeps / trizeps brachii und M. brachioradialis, sowie M. brachialis). Stabilisierung der gesamten WS durch Mm. erector spinae	Vorgebeugtes Rudern	Schulterbreit im festen Stand in der vorgebeugten Position der vorherigen Übung bleiben. Arme nach vorne strecken und mit einer kraftvollen Bewegung, eine imaginäre Langhantel in Richtung Rippenbogen ziehen, dabei die Schulterblätter zusammenziehen und die Ellenbogen weit nach hinten. Kurz in der Position bleiben und langsam die Arme wieder strecken.	3 – 2 – 3 15x Je 2 Sekunden Pause	• Arme wirklich nach vorne strecken und nicht nach unten • Gesäß anspannen
Kräftigung der gesamten Oberschenkelmuskulatur (vor allem M. quadrizeps femoris, M. bizeps femoris und M. glutaeus maximus) und Stärkung des unteren Teil des M. erector spinae	Kniebeuge	Füße stehen etwas weiter als hüftbreit mit leicht nach außen gedrehten Spitzen auf dem Boden. Nun langsam in die Knie gehen, darauf achten, dass das Gesäß nach hinten geführt wird, wie wenn man sich auf einen Stuhl setzen möchte. Die Arme dabei in Verlängerung der Wirbelsäule nach schräg oben strecken. Kurz in der Position verharren. Dann langsam wieder aufrichten	3 – 2 – 3 15x Je 2 Sekunden Pause	• Bei Knieproblemen nicht si tief in die Beuge • Runter gehen - einatmen; hoch gehen - ausatmen
Kräftigung der rückseitigen Rumpfmuskulatur (M. trapezius transv., Mm. rhomboidei, M. latissimus dorsi, M. supraspinatus, M. infraspinatus, M. teres major, M. deltoideus spin.)	Butterfly reverse im Stand mit vorgebeugtem Oberkörper	Beine leicht beugen und Oberkörper nach vorne neigen, bis er etwa im rechten Winkel zu den Beinen steht. Die Arme in U-Haltung neben den Kopf heben. Nun die Unterarme vor dem Gesicht zusammenführen. Anschließend die Arme und Schulterblätter wieder Richtung Wirbelsäule ziehen. Übung wiederholen.	2 – 1 – 2 20x Je 2 Sekunden Pause	• Kopf in Verlängerung der Wirbelsäule • Kräftige Bewegungen

Phase II – Hauptteil 3 (10 Minuten)

Ziel der Übung	Übungsbezeichnung	Übungsbeschreibung	Belastungsgefüge	Bemerkungen / Hinweise
Kräftigung der Mm. erector spinae, vor allem lateraler Trakt (longissimi), M. glutaeus maximus, M. bizeps femoris	Rückenstrecken auf den Knien	Im Kniestand Hände an den Hinterkopf und den Oberkörper mit geradem Rücken aufrichten und anschließend etwa 50° vorbeugen. Kurz in der Position bleiben. Nun langsam und gerade aufrichten, dabei das Gesäß anspannen.	3 – 1 – 2 20x mit je 1 Sekunde Pause	Bei Knieproblemen ein Handtuch unter die Knie legen. Gerader Rücken
Mobilisation der Wirbelsäule und Stärkung des Mm. erector spinae, vor allem lateraler Trakt	Oberkörperheben in Bauchlage mit gestreckten Armen	In Bauchlage Arme und Beine strecken. Zehenspitzen aufstellen und die Arme nun vom Boden abheben, bis auch der Brustkorb sich möglichst weit aufrichtet. Position kurz halten und wieder absenken.	2 – 3 – 1 20x mit je 1 Sekunde Pause	Blick zum Boden. Bei starkem Hohlkreuz ein Kissen unter den Bauch legen
Mobilisation der Wirbelsäule und Stärkung des Mm. erector spinae, vor allem lateraler Trakt und Stärkung des M. latissimus dorsi	Oberkörperheben in Bauchlage mit Latzug	Übung wie vorher beschrieben fortführen. Bei erhobenem Brustkorb die Arme mit den Ellenbogen in Richtung Wirbelsäule ziehen	2 – 3 – 1 20x mit je 1 Sekunde Pause	Blick zum Boden. Gleichmäßig weiteratmen
Kräftigung des gesamten Halt- und Stützapparates	Unterarmstütz	In Bauchlage die Unterarme etwa im rechten Winkel zu den Oberarmen aufstützen. Zehenspitzen aufstellen und gleichmäßig den Körper hochheben, bis er eine Linie bildet.	5x 20 Sekunden Spannung halten Je 10 Sekunden Pause	Gleichmäßig weiter atmen. Gesamten Körper anspannen. Blick zum Boden

„Im Hauptteil einer Kurseinheit wird das eigentliche Ziel der Kurseinheit realisiert und die Trainingsintensität hat hier ihren Höhepunkt." (Reiß, Eifler, 2015, S. 66). Hier werden alle stabilisierenden, kräftigenden und stärkenden Übungen der Wirbelsäulengymnastik aufgezeigt und erklärt. Die Musikgeschwindigkeit beträgt 100bpm.

Tab. 7: Stundenplanung Teil III - Cool-Down

Phase III – Cool-Down II (8 Minuten)				
Ziel der Übung	Übungsbezeichnung	Übungsbeschreibung	Belastungsgefüge	Bemerkungen / Hinweise
Entlastung des ZNS Einstimmung auf Cool-Down und Entspannung Passive Dehnung des M. quadriceps femoris, Mm. erector spinae, M. trapezius und Mm. rhomboidei	Balasana / Stellung des Kindes	Aus dem Vierfüßlerstand das Gesäß hinten auf den Fersen absetzen. Die Arme nach vorne strecken und den Oberkörper zum Boden führen. Die Hände so weit wie möglich nach vorne führen und verharren.	12 Atemzüge	Nacken entspannen, Bewusst weiter atmen
Passive Dehnung der hinteren Oberschenkelmuskulatur (Adduktoren, Glutaeus-Gruppe, Beinbizeps) und aktive der Mm erector spinae	Rumpfbeuge in der Grätsche	Mit geradem Oberkörper in die Grätsche setzen, soweit es die Muskulatur zulässt. Fußspitzen zeigen zur Decke. Die Arme nach vorne strecken und langsam so weit es geht auf dem Boden absetzen und den Oberkörper möglichst weit Richtung Boden beugen.	6 Atemzüge	Langsame und kontrollierte Dehnung, Gerader Oberkörper
Mobilisation und Beweglichkeit in der Lendenwirbelsäule und im Becken Dehnung des M. glutaeus maximus / medius / minimus und des M. piriformis	Liegende Brezel-Dehnung	In Rückenlage die Arme seitlich ausstrecken. Das rechte Bein anwinkeln und mit dem Fuß unter das Knie des linken Beines. Nun mit der linken Hand das rechte Knie über das linke Bein zum Boden führen. Die Schultern bleiben stets beide auf dem Boden. Dann Seitenwechsel.	6 Atemzüge (2x 3 pro Seite)	Schultern die ganze Zeit auf dem Boden lassen, Arme etwas Unterhalb der Schulter ablegen
Dehnung des gesamten Körpers. Besonders M. rectus abdominis, M transversus abdominis und M latissimus dorsi und M Intercostales interni	Ganzkörperdehnung	In Rückenlage die Arme über den Kopf strecken. Tief einatmen und von den Fingerspitzen zu den Zehen strecken. Bewusst weiteratmen. Langsam aus dieser Position gehen und wieder entspannen. Einmal wiederholen.	12 Atemzüge (2x 60)	Der Rücken bleibt gerade auf dem Boden, kein Hohlkreuz!
Tiefenentspannung / Übergang in den Alltag	Shavasana / Totenstarre	In Rückenlage die Arme und Beine ganz entspannt nach außen fallen lassen. Augen schließen und tief und bewusst ein- und ausatmen. Zielgerichtet in die einzelnen Körperabschnitte atmen und wahrnehmen wie der Körper entspannt und schwerer wird. Weiter Atmen. Langsam mit den Fingern und Zehen wackeln und die Augen öffnen. In die Seitlage hochdrücken und rückengerecht aufste...	12 Atemzüge	Ganz ruhig und entspannt atmen

4.3.3 Cool-Down

Der Cool-Down dient dazu, die Teilnehmer wieder in den Alltag zu entlassen, die Körpertemperatur und Herzfrequenz zu senken und die Muskulatur zu lockern und dehnen. Grundsätzlich wird zwischen Cool-Down I und Cool-Down II unterschieden. Teil I stellt den Übergang zwischen Übungen im Stehen und dem eigentlichen Dehnen auf

14

dem Boden dar. Er soll die Herzfrequenz und Körpertemperatur senken. Da bei dieser Wirbelsäulengymnastik der Puls keinen höheren Frequenzbereich betritt bzw. es ein gesundheitsorientierter und kein ausdauerorientierter Kurs ist, gibt es kein Cool-Down I. Teil II ist für die eigentliche Dehnung und Lockerung der Muskulatur zuständig und führt zur abschließenden Entspannung. Diese kann durch Meditations- oder Yogaübungen erweitert werden. Der Übergang zum Stand findet hier nach der letzten Übung statt. Es wird Rückengerecht aufgestanden und die Teilnehmer werden verabschiedet. Die Freude auf ein Wiedersehen wird vermittelt.

Die Musikgeschwindigkeit während dem Cool-Down II beträgt 50 bpm.

4.3.4 Übungsbegründung

Die Übungen wurden so gewählt, dass ein fließender Übergang zwischen Stand und Bodenlage besteht. Es wird stets Rückengerecht runter- und hochgegangen. Es wird begonnen mit einer sanften Mobilisation der Wirbelsäule die dann in Kräftigungsübungen übergeht. So können die Teilnehmer ganz einfach aus der letzten Warm-Up Übung „Feldenkrais-Uhr" in die erste Kräftigungsübung des Hauptteils „Beckenheben in Rücklage"-Position gelangen. Die Füße müssen nur angezogen und aufgestellt werden. Genauso verhält es sich mit dem Übergang zwischen der letzten Hauptteil Übung „Unterarmstütz" und der ersten Cool-Down Übung „Kindhaltung". Die Teilnehmer müssen sich nach hinten drücken und das Becken auf die Fersen sinken lassen. Es gibt statische als auch dynamische Sequenzen, sodass ein möglichst breites muskuläres Spektrum angesprochen wird. Während dem Cool-Down ist ein besonderer Schwerpunkt bei der Körperwahrnehmung und der Entspannung. So gehen die Kunden am Ende der Stunde entspannt und gekräftigt raus.

4.3.5 Anmerkungen

Zu der Planung der Stunde ist zu sagen, dass die genaue Einhaltung der Wiederholungszahlen, Zählzeiten oder Sekunden abhängig von den Kursteilnehmern und der Stimmung im Kurs ist. Der Trainer hat die wichtige Aufgabe, sensibel zu beobachten, welche Übungen wie ausgeführt werden und wie die Teilnehmer darauf reagieren und diese umsetzen. Bei Bedarf kann eine Übung ersetzt, ausgelassen oder verlängert werden. Die Länge der Phasen sollte allerdings nach Möglichkeit nicht zu stark von diesem Plan abweichen. Hilfsmaterialien wie Handtücher oder Kurzhanteln / Stöcke etc. können dazugegeben werden.

5 Literaturverzeichnis

Buskies, W. & Demski, N. (2003). *Rückenfitness. Grundlagen, Übungen, Spiele.* Wiebelsheim: Limpert.

Buskies, W. & Tomas, N. (2009). *Rückenfitness. Grundlagen, Übungen, Spiele* (3. Auflage). Wiebelsheim: Limpert.

Deutsche Hochschule für Prävention und Gesundheitsmanagement (2014). *Übungssammlung funktionsgymnastische Kräftigung.* Zugriff am 01.04.2016. Verfügbar unter:

https://ilias.dhfpg.de/ilias.php?baseClass=ilSAHSPresentationGUI&ref_id=2586104.

Froböse, I. (2015). *Das neue Rückentraining* (1. Auflage). Hamburg: Nikol.

Gottlob, A. (2007). *Differenziertes Krafttraining mit Schwerpunkt Wirbelsäule* (2. Auflage). München: Urban & Fischer.

Hollmann, W. & Hettinger, T. (1990). *Sportmedizin – Arbeits- und Trainingsgrundlagen.* Stuttgart: Schattauer.

Reiß, M., Eifler, C. (2015). *Studienbrief Gruppentraining I.* Saarbrücken: Deutsche Hochschule für Prävention und Gesundheitsmanagement.

Ramsay, C. (2015). *Der Stretching-Anatomie-Guide* (1. Auflage). München: Südwest.

Zintl, F. (1997). *Ausdauertraining.* München: BLV-Sportwissen.

6 Abbildungs- und Tabellenverzeichnis

6.1 Abbildungsverzeichnis

6.2 Tabellenverzeichnis

BEI GRIN MACHT SICH IHR WISSEN BEZAHLT

- Wir veröffentlichen Ihre Hausarbeit, Bachelor- und Masterarbeit

- Ihr eigenes eBook und Buch - weltweit in allen wichtigen Shops

- Verdienen Sie an jedem Verkauf

Jetzt bei www.GRIN.com hochladen und kostenlos publizieren